Diego Pereira

AS ÁRVORES NÃO TÊM VELUDO

EDITORA
Labrador

Copyright © 2020 de Diego Pereira
Todos os direitos desta edição reservados à Editora Labrador.

Coordenação editorial
Pamela Oliveira

Preparação de texto
Laura Folgueira

Projeto gráfico, diagramação e capa
Felipe Rosa

Revisão
Andressa Bezerra Corrêa

Assistência editorial
Gabriela Castro

Imagens de capa
Unsplash.com (Chris Leipelt)
Freepik.com

Dados Internacionais de Catalogação na Publicação (CIP)
Angélica Ilacqua – CRB-8/7057

Pereira, Diego
  As árvores não têm veludo / Diego Pereira. – São Paulo : Labrador, 2020.
  80 p.

ISBN 978-65-5625-036-6

1. Poesia brasileira I. Título

20-2139   CDD B869.1

Índice para catálogo sistemático:
1. Poesia brasileira

Editora Labrador
Diretor editorial: Daniel Pinsky
Rua Dr. José Elias, 520 – Alto da Lapa
05083-030 – São Paulo – SP
+55 (11) 3641-7446
contato@editoralabrador.com.br
www.editoralabrador.com.br
facebook.com/editoralabrador
instagram.com/editoralabrador

A reprodução de qualquer parte desta obra é ilegal e configura uma apropriação indevida dos direitos intelectuais e patrimoniais do autor.

A editora não é responsável pelo conteúdo deste livro.
O autor conhece os fatos narrados, pelos quais é responsável, assim como se responsabiliza pelos juízos emitidos.

[...].
É uma mutação de apoteose.

Os mulungus rotundos, à borda das cacimbas cheias, estadeiam a púrpura das largas flores vermelhas, sem esperar pelas folhas; as caraíbas e baraúnas altas refrondescem à margem dos ribeirões refertos; ramalham, ressoantes, os marizeiros esgalhados, à passagem das virações suaves; assomam, vivazes, amortecendo as truncaduras das quebradas, as quixabeiras de folhas pequeninas e frutos que lembram contas de ônix; mais virentes, adensam-se os icozeiros pelas várzeas, sob o ondular festivo das copas dos ouricuris: ondeiam, móveis, avivando a paisagem, acamando-se nos plainos, arredondando as encostas, as moitas floridas do alecrim-dos-tabuleiros, de caules finos e flexíveis; as umburanas perfumam os ares, filtrando-os nas frondes enfolhadas, e — dominando a revivescência geral — não já pela altura senão pelo gracioso do porte, os umbuzeiros alevantam dois metros sobre o chão, irradiantes em círculo, os galhos numerosos.

CUNHA, Euclides da. *Os sertões:* campanha de Canudos. 4. ed. Edição, prefácio, cronologia, notas e índices: Leopoldo M. Bernucci. São Paulo: Ateliê Editorial, 2009. p. 127-8.

SUMÁRIO

ÁRVORE FRONDOSA DE RENOVADA SEIVA –
Orlando Freire Junior 13
    Mancha 14
    Partida 15
    Ponteiro 15

BARAÚNA, ESSA PALAVRA QUE FORJA 18
    Afeto 18
    Meio-termo 18
    (contra) classe 18
    Inspiração 19
    Marcha 19
    Dias fúnebres 20
    krisis 20
    10k 20
    Aprendizado 20
    As vísceras do mundo 21
    Abscesso reincidente 21
    Compasso 22
    Versos improvisados 22
    De todas as cores... 22
    Descoberta da poesia 23
    Relógio de areia 23
    O poeta "sente" a sua liberdade 23
    Oração ao entardecer 23
    O poeta entrega a Deus o divino 24
    pontilhado 24
    Gran finale 25
    Desprendido 26
    A verdade diz o poeta 26
    Desencontros 26
    Exórdio 27

Mancha 27
Mordida! 27
Muito pouco 28
Partida 28
Rio 28
Nome 28
A fantasia 29
(.) 29
Palavra visita 30
Algazarra, rumor, rumorejo 30
Palavra-premida 30
Cinge as águas, o pôr do sol 31
Porque é silêncio 31
Palavra ilumina 31
Palavra espera 31
Palavra renuncia 32
Palavra desbota 32
Palavra solve 32
Palavra liberta 32
Um boi vê sempre os homens 33
Receita de escritor 33
Palavra escapa 34

QUIXABEIRA, ESSA PALAVRA QUE FUNDA 35
Questão I — ponto(s) de vista 35
Saudades de Amor 35
Batalha perdida 35
Cântico primaveril 36
Estância 36
Irmandade 36
Tromba-d'água 37
Família 37
Cinzas, ao inimigo-protetor 37
Nosso infinito particular 38
Ponteiro 38
Pratos da casa 39
Janelas fechadas 40

Estação 40
Gravatá 40
Estrada 41
Escrevo para o filho de mim (1) 41
Escrevo para o filho de mim (2) 41
Silêncio 42
Urdidura 42
Ódio 42
Morte 43
Fome 43
Escrevo para o filho de mim (3) 43
O que (não) houve 43
Sem data 44
Entrega 44
Por que (não) escrevo 44
Árvores e lenhadores 44
Oração amiga 45
Mais que Amado 46
A morte é aquilo 46
Palavra-prego 46
Palavra-verniz 46
Moldura 46
Condor 47
Raízes 47
Vazio 47
Palavra noturna 47
O pai 47
Palavra quebra 48
Palavra comprime 48
Palavra assombra 49
Alguns papéis ou uma história vencida 49

UMBUZEIRO, ESSA PALAVRA QUE FINDA 50
Gosto apurado 50
4 de novembro de 2009 50
Correspondência 50
Sátira e outros lirismos, na taberna 51

O amor encontra o poeta e o perde	52
A poesia repreende o poema	52
Pêssegos ao vinho	53
Outros quadros de amor, de amizade	53
Espaços	54
Do mistério sujo	54
Estilística	55
Sexta-feira	55
Encontro	55
A liga	56
Gravatas e moldura	56
Poema abafado	56
Resumo	57
Avesso	57
Girassol	58
Algumas palavras transando	58
Pedra-sabão	59
Unidade	59
Do amor	59
Personagens	60
Caminho	60
Movimento puro	60
Do abraço	61
O jagunço	61
Rima	61
Nesta manhã	61
Um corpo	62
Dois atos	62
Apócope	62
Mão-posta	62
Eu-taciturno	63
Dedicatória	63
Amor, ou amizade	63
Vírgula	64
Véspera	64
À vista	64
Sim, chove lá fora!	64

História amarela	65
Madrigal	65
Palavra-superfície	65
Um só	65
Nossas palavras	66
Palavra rabisca	66
Palavra pulsa	66
Palavra de mudança	67
E a festa?	67
Ausência	67
A estória	68
Amor-desmancha-dúvidas	68
Meu Cabeleira	68
Mas	68
Amor é presente	68
Palavra-não-diz	69
A palavra abutre	69
Amor-espécime	69
Partir de viagem	70
Mesmo aqui	70
A palavra aperta	70
Arte marinheira	70
Palavra assoalhada	71
Palavra inunda	71
Palavra encerra	71
Farol	71
Palavra insiste	71
Palavra vomita	72
#PalavraEsmigalha	72
A queda	73
Porque só o abraço forra	74
PERDE-SE:	74
Amor romântico	74
Palavra pesca	75
Palavras apertam	75
Palavra morre	75
Mais um bilhete,	75

Palavra derrama 76
Por que escrevo bilhetes... 76
Amor-todo-dia... 76
Amor arrebenta 77
Amor afoito.. 77
Querência 78

ÁRVORE FRONDOSA
DE RENOVADA SEIVA

Orlando Freire Junior[1]

Apresentar um livro de estreia não é das tarefas mais fáceis. Tanto mais se, acompanhando o movimento do texto de Diego Pereira em blogs e redes sociais, temos uma amostra da verve do autor, fato que gera também expectativa e ansiedade quanto à aparição dessa poética em livro. Pois bem, a leitura dos primeiros poemas de *As árvores não têm veludo* já acalma os ânimos do leitor sequioso de uma dicção poética consistente, uma vez que o autor confirma a expectativa de uma grande estreia com uma poesia na qual saltam aos olhos o domínio e o uso peculiar da língua portuguesa, bem como a maturidade que atravessa as seções que compõem o volume de poemas.

A obra está dividida em três partes que remetem a árvores muito características da flora sertaneja nordestina: "Baraúna, essa palavra que forja", "Quixabeira, essa palavra que funda" e "Umbuzeiro, essa palavra que finda". Tal divisão já encaminha o leitor para a percepção tanto de um sentido teleológico da obra quanto de um balanço da vida (embora vindo de um jovem escritor), representado pela escolha das três emblemáticas árvores. É óbvio que, costurados por uma linguagem elegantemente irônica, todos esses vetores acabam passando pela lente da rasura, porque — ao fim e ao cabo — é da natureza da poesia o deslocamento da linguagem e da estrutura do pensamento por ela representada.

As árvores que enraízam a poética de Diego Pereira também conduzem o leitor a uma primeira associação com a natureza do semiárido. Ocorre que não se pode pensar que

---

[1]. Professor de Literatura da Universidade do Estado da Bahia (UNEB), no Departamento de Ciências Humanas e Tecnologias (DCHT), *Campus* XXII, de Euclides da Cunha. É Mestre em Literatura e Diversidade Cultural pela Universidade Estadual de Feira de Santana (UEFS) e doutorando em Literatura e Cultura pela Universidade Federal da Bahia (UFBA).

estamos diante de um paisagismo pitoresco à moda do Romance de 1930 ou do nacionalismo romântico. A paisagem se insinua no texto, mas muito mais como uma paisagem refundada pelos movimentos do espírito do sujeito poético. Então, são muito mais as idas e vindas de um espírito que questiona e acossa o fluxo de acontecimentos e reordena as sensações e paisagens em palavras. Vejamos o exemplo de um poema como "Mancha", em que o próprio movimento de escrita desloca o arranjo cotidiano da casa e da paisagem familiar:

Mancha

Atracadas, as folhas
procuram rasgar o branco
uma da outra
e a caneta,
o papel de minha mão;
como se a casa ainda dormisse
pros domingos
frios
ou todos soubessem
que fecho as janelas de manhã...

Só o mofo me faz poeta,
senhores!
Só o mofo!

Essa cápsula expressiva traz uma reflexão sobre o peso do cotidiano, sobre o inusitado da letargia como mola propulsora da criação poética. Esse é um sentido de cotidiano bem diferente do niilismo que compõe a "vida besta" drummondiana. Aqui, a quietude, a imobilidade espaçotemporal muito própria do cotidiano interiorano, é o combustível inspirador do poeta. Um poema de tal ordem exemplifica uma temática da composição que percorre todo o livro. Vejamos o aparecimento desse tema da composição em outro poema, "Partida":

Partida

Escrever literatura é dobrar aquela esquina
de onde os outros nos perdem
e correr e correr e correr
— para que nós não nos encontremos.

Importante perceber como em curto espaço de tempo, com o domínio absoluto da metáfora, o poeta aponta uma linha mestra do trabalho do escritor (e do artista, em um plano geral) em sua busca pela criação de um universo autônomo, destacado da trivialidade da vida empírica. Tal é o triunfo do artista no uso de seus atributos. Mas há outros temas fulcrais, como o das relações humanas e familiares (que "Mancha" também insinua), sedimentando poemas como "Ponteiro":

Ponteiro

Desponta às doze
(do dia)
a
temperatura
abafada
das
quatro
estações:

uma mãe
que é pai,

um pai
que é irmão,

um irmão
que é mãe

e uma irmã que é irmã
        no momento subsequente,

pro equilíbrio
   das coisas.

À primeira vista, pontua em um poema de semelhante feitura a nota sentimental que associa o sujeito ao núcleo familiar. Acontece que esse sentimento é perpassado pelo irônico do embaralhamento de papéis. Essa ironia é acentuada pelo fato de que a reconfiguração, embora não figure no manual da chamada "família brasileira", constitui muito mais uma regra do que uma exceção em um contexto que empurra as mulheres para o centro da família com enorme constância no cenário nordestino. Ocorre que a linguagem, embora marcada por uma musicalidade que a própria constituição sintética do poema realça, está construída com uma economia de vocabulário tal que as sentenças que configuram o arranjo familiar são exemplos de uma concisão muito aproximada dos momentos mais sintéticos da poesia de Oswald de Andrade e dos concretistas. São pílulas de emoção concentrada que configuram peças de um mosaico subjetivo que, ao fim e ao cabo, ao lidarem com sensações e questões do sujeito, escapolem aos riscos de um provincianismo acanhado.

Os poemas que configuram a construção do livro revelam o duplo mecanismo de escape do sujeito poético *do* e *para* o mundo. É também possível pensar que a linguagem alcança voos consideráveis mesmo, em alguns momentos, sendo muito semelhante à prosa. Esse elemento prosaico — ou "passo da prosa", como bem definiu Florencia Garramuño em seu *Frutos estranhos: sobre a inespecificidade na estética contemporânea* (2014), ao tratar da poesia contemporânea — conduz o leitor dessa poética à valorização das pequenas células de significado que vão construindo a floresta de sensações e reflexões deste *As árvores não têm veludo*. A travessia deste lado de cá do fim do mundo de que esta obra de Diego Pereira participa dá a medida de uma poética que se inicia com uma fartura de repertório que certamente provocará leitores competentes, estejam próximos ou distanciados das sombras dessa dadivosa floresta. Aqui, de início, sem a intenção de mapear todas as possibilidades de leitura de um livro de grande prodigalidade imagética, fica apenas o primeiro assombro de quem lê com as lentes um tanto quanto embaçadas pela dureza de uma formação teórica empedernida, mas com a impressão de que essa árvore ainda há de dar frutos nem sempre estranhos, mas certamente com a potência e capacidade de invenção que estão anunciadas nesta promissora obra de estreia e afirmação.

BARAÚNA, ESSA PALAVRA QUE FORJA

Afeto

Olhe (comigo) a montanha
que não se esconde e
nos desafia.

Olhe (comigo) e
nada mais,
nada menos.

Meio-termo

Entenda que gosto do "mas",
do "e",
dos lábios de Ana,
dos meus;
desta proximidade
ora distante!
Sou de "encontros"...

(contra) classe

no princípio era
a ação,
o fenômeno da natureza,
o estado.

depois,
impuseram-lhe
o "verbo".

hoje,
outros:
(os) tempos,
(os) modos,
(as) vozes

...

[saudade do mundo
mais-que-perfeito]

Inspiração

Tenho no céu a chave
incapaz
de abrir portas.

Tenho-me no céu.

Marcha

Sigo e persigo o Pombo
(selvagem)
— pra me perder,
pra me encontrar.

Quão próximas de mim
suas asas...
Quão distantes!

Dias fúnebres

As lágrimas,
que não choram minhas dores,
germinam o árido cá dentro.

É tempo seco.
Pó.

krisis

O vento PARA
— confuso quanto a ir
ou ficar.

Roubaram-lhe o sinal.

10k

Embrulhei-me com o ouro
do anel que carrego,
pra amanhecer hoje e
depois;

pra não prosseguir nu.

Aprendizado

Ivo viu a uva
      — *sf.* fruto da videira;

e todas as possibilidades
guardadas na respectiva rama

— *sf.* trepadeira cujos frutos, as uvas,
dão, fermentados, o vinho.

Jamais se embriagou.

As vísceras do mundo

O amor desce às ruas
de cimento
de areia
de pedra
— infinitamente —
porque tem corpo
e
cansa,
porque é preciso
questionar
a imensidão.

Por isso,
a carne, a volúpia;

      por isso,
      a poesia.

Abscesso reincidente

Os médicos examinam
a perspectiva da criança
(maculada).

Mais um terçol.

Compasso

Gravem estas notas
que produzo na complexidade de tantas
outras composições e não
se agravem...

... Às vezes,　　desafino,
　　　　　　　desatino,
　　　　　　　desafio
　　　　　　　(a Harmonia).

Versos improvisados

De repente, os sulcos
são sulcos na madeira e cortam
— à espera do vermelho
que os entranhe,
neste escrever infértil
(arenoso).

De repente, chove.

De todas as cores...

Assim eu queria que fosse meu último poema.
Mas o Ministério da Saúde adverte:
— Ilusão de óptica.

Descoberta da poesia

Fragilizado, vejo o sono
diante do papel e me nego as palavras
de efeito;
ainda que a Morte continue
a perceber este escritor de Nadas.

Dormir é a chave.

Relógio de areia

Saudosas noites
(as que vivo),
neste tempo
        atemporal.

O poeta "sente" a sua liberdade

Escrevo meus poemas, que
sangram como o sol inoportuno
das doze,
e planto árvores.

Não vejo filhos.

Oração ao entardecer

Corumi,
garimpa-me o ouro de um menino
sem pedras
e me cubra estas mãos
cansadas

com a negritude
imemorial
daquelas tardes de nenhum lampejo.

É quente o mundo e
eu preciso de tuas águas
velozes
pra dormir.

Amém.

O poeta entrega a Deus o divino

Quando a criança retorna ao livro
e isto é real; o unicórnio se vê
homem
num espelho de fardos,
perde força, pureza

> (restam-lhe as palavras
> como o abraço
> de alguém que existe só).

Jamais escreverá sem teu corpo,
sem tua cabeça.

pontilhado

Só me resta na fonte
a mariposa do beijo.
(Federico García Lorca)

I.

UM PONTO existe
para alinhavar
(a vida)
em tempos
(de tempos)

II.

de tempos
E M   T E M P O S
não há dia
(com sua manhã)
(com sua tarde)
(com sua noite)
e
a
caneta
vê
um
      ponto.

Gran finale

Nesta noite de sombras,
quando outras tantas ficam para trás,
deixo o último poema (depois
de mim) para os que antes buscaram
mundos em folhas e
agora são meus.

Nova cantoria
velha,
muda
— não digo adeus!

Desprendido

Livre e solto
— como a folha seca que
(pesada) cai
da velha árvore.

Adubo,
só.

A verdade diz o poeta

Para Federico García Lorca

A ousadia das penas eu guardo,
quando os nomes
(re)aparecem e é tranquilo
banhar-se;

quando a poesia,
partindo com as torrentes,
me olha de longe
e sorri.

Desencontros

E porque decidiu pelo "guache"
(na vida)
andou colorindo papel,
daqueles que o tempo amarela.

Escreve. Apaga. Escreve. Apaga.
A mão é uma só.

Exórdio

As árvores não têm veludo,
e eu me entrego, sempre, ao abraço
de suas folhas secas que
arranham,
das lembranças,
o pêssego já colhido.

Sangrar é o alimento.

Mancha

Atracadas, as folhas
procuram rasgar o branco
uma da outra
e a caneta,
o papel de minha mão;
como se a casa ainda dormisse
pros domingos
frios
ou todos soubessem
que fecho as janelas de manhã...

Só o mofo me faz poeta,
senhores!
Só o mofo!

Mordida!

De repente, mordera a frase e pôde sentir, pra depois do silêncio (ou antes, até), suas palavras em sangue, uma a uma, todas e isto: nossas línguas encharcadas, aquele mesmo olhar, perigo...

Muito pouco

Há muito em mim
de prateleiras, porta-retratos,
e outros artigos desses
que se põem em uma sala,
tão só. Ou, ainda,
quem sabe, algum tempo
escorrido, suas horas
por limpar;
porque, sim,
as pessoas me pedem
palavras... Quando é pouco
o que eu tenho.

Partida

Escrever literatura é dobrar aquela esquina,
de onde os outros nos perdem,
e correr e correr e correr
— para que nós não nos encontremos...

Rio

As mãos do tempo, em mim, apertam sonhos, estrangulam
pesadelos, além de outros movimentos, e jamais acenam um
adeus; como o fazem diante de outros, também, corpos... E eu
choro... E eu rio... Ribeiro, regato, corrente de água.

Nome

Escrevo poesia
como quem endereça cartas.

Vou ao baú,
remexo lembranças,
e me vejo
entre papéis dos quais,
talvez em breve,
não se terá notícias.
Pois mortas,
as mãos;
só
verme.

Nem mesmo
as entrelinhas...

A fantasia

Ler (não) é escolher um cômodo.
Mas espanar o pó.

(.)

A palavra
também cai, rala o joelho,
chora e se aborrece.

Para que
não a visitemos.

E xícara,
café, qualquer
livro.

Para que
não haja rima.

A palavra
e o homem.

Um.

Palavra visita

Há verbos que não estão
nem aí pro princípio das coisas
ou pra nós mesmos,
mas chovem o dia, a noite,
ou todo esse tempo
entre histórias nascidas
e mortas. Verbos
que batem
à porta, minhas
filhas!

Versos.

Algazarra, rumor, rumorejo

A voz é um fio a partir do qual se percorre o dia, todos eles, entre horas nascidas e mortas. A voz é uma porta.

Palavra-premida

Porque existem palavras que também fecham com violência a porta, a tampa, seja lá o que for, como se passassem o ferro numa roupa, numa dobra de tecido, numa costura, naquilo que se deseja assentar; palavras certeiras (por descuido, ou não), daquelas que se põem, fortemente, a caminho e vibram; que engolem, devoram, tragam (ou pulsam, palpitam, latejam); palavras que surram e ganham uma mão — ele pôs-se à máquina de escrever, no percurso daquela tarde: para cada golpe, um som; para cada gole, um só; para cada um, Ninguém (seus sonhos, num apartamento de vintém).

Cinge as águas, o pôr do sol

Quando um autor morre (aquele que cria; inventa, descobre), mais ribeiro, mais regato, torna-se aquele riacho próprio de suas mãos nascentes. Seca algum rio, qualquer coisa, sei lá, seca muito a gente.

Porque é silêncio

Procuro, aqui, entre dois ou três papéis, algum significado para a voz que, em mim, ecoa. Mas a palavra, em labirinto, só me abraça, como quem suplica, protesta ou aplaude a tessitura. Minha voz, sim, ela é escura.

Palavra ilumina

Sentou-se pra escrever naquele tempo em que o mundo dormia, porque esse era o seu desejo, também: perder-se entre passado e futuro, em meio a um ou dois pesadelos, como quem estia, mas só. Dali a pouco, acredite, diminuindo a si mesmo, qual água da cheia, não estará mais chovendo e p(r)onto: algum papel assoalhado, ensoalhado, luminoso.

Palavra espera

Algumas histórias, aquelas que animam o homem, e todo o resto, não se deixam escrever, porque, pra isso, haveria, alguém, de contar suas palavras, e muito silêncio. Sim, não se deixam escrever.

Palavra renuncia

Morrer é perder-se da morte. Da força, o vigor, do viço, o brilho, de finar-se; expirados os pesadelos, todos, quaisquer que sejam. E nunca sumir, como quem existiu. Morrer é não morrer, tão só!

Palavra desbota

Mas acontece que as palavras também se esgotam, aborrecidas por demais, e faltam, sob os escombros de dois ou três abraços demolidos. Como se nascessem (e nascem!). Como se morressem (morrem?).

Palavra solve

Sonhara que não morria quando voava noite adentro, deixando-se, naquela, abraçar todo, e também a seus pesadelos, como quem vive. Mas

Palavra liberta

A porta aberta é sempre um espaço vazio, porque clareira. E desdobra passos, desata caminhos — desobstruída que só; franca. Rompê-la é um risco... Um perigo que se talha, esculpe, sem quaisquer encobrimentos, para quem entra ou sai.

Um boi vê sempre os homens

Você sabia que a palavra boi é também sinônimo de marido ou companheiro traído pela mulher? Pessoa gorda, pesada, corpulenta? Meretriz, prostituta? Menstruação? E que há mais significados do que esses, a depender de como um nome, neste caso, aquele que escolheram para mim, figure em uma frase, em uma oração? Que a nossa família, sim, somos uma espécie, é a dos bovídeos? E que, entre nós, seja na Europa, na Ásia ou por aqui, existem aqueles de estado selvagem, mas, também, outros sob domesticação? Você sabia? De nossos cornos ocos, pares e não ramificados, espalhados em grande parte do mundo? De nossa ampla distribuição para trabalhos diversos e produção de carne, couro, leite ou qualquer coisa que nos valha? Ainda que, mesmo quando capados, touros capados, não nos faltem serviços, como o de tiro e carga e na alimentação? Razão pela qual, talvez, de nós, existam diversas raças? Ou sejamos gregários, porque vivemos em grupo? Você sabia? Que, inclusive, por isso os mais dominantes têm prioridade sobre os mais submissos quando competem? E que competimos por água, comida ou sombra? Por água, ou não é? Por comida, ou não é? Por sombra, ou não é? Consegue enxergar? Pergunto-lhe, porque um boi vê sempre os homens.

Receita de escritor

Ingredientes

Alguma dor debaixo do braço.
Uma, duas ou três palavras, as mesmas ervas.
Esse tempo, pra chorar,
pra rir (e em pó).
O medo de outrora, coragem
pra alguns, gota a gota,
na medida exata.
Qualquer superfície que, côncava,
sonhe com profundidade.

Modo de preparo

Macerar aquela dor, funda, na superfície côncava que se puder achar, até a profundidade necessária ao rompimento de cada palavra pequena ou erva (porque plantada, colhida). Mas como quem aqui chora, acolá ri, o tempo, nele pingando as gotas de algum medo, coragem até, por causa da vida, ela própria, que há muito se escondeu e já não se pode esperar, é claro. Histórias hão de ser sempre assim...

Palavra escapa

A palavra, esta senhora, que escolheu terreno, plantou duas ou mais árvores, esperou chuva e sol, pôs-se em construção; quis viajar, mas veja só, e, de mochila nas costas, partiu: Ninguém a contaria depois...

QUIXABEIRA, ESSA PALAVRA QUE FUNDA

Questão I — ponto(s) de vista

Em relação à afirmativa "uma vida que podia ter ____ e não ____", as lacunas podem ser substituídas, de modo a alcançar o efeito semântico mais adequado, pela série:

    a) SIDO / FOI.
    b) FEITO / FIZ.

Saudades de Amor

"Minha prezada
queridinha,"

.
.
.

    "me responda
    urgente."

Batalha perdida

Tomou como naturais os arranhões provocados em seu relógio pela cal da sala. Era típico esse seu comportamento de passar não muito distante das paredes de qualquer construção. Embora dissesse aos outros não entender o porquê do referido hábito, sabia que o concreto lhe dava a consistência necessária para suportar o mundo. Antes amparado que caído. Logo dirigiu-se ao seu quarto, dedicando-se à leitura do "somos todos culpados". Pra que tentar vencer a mãe?

Cântico primaveril

Domingo pra mim
tem que ser do Espírito
Santo e
"de Jesus",

tem que ser Dominga
ou Domingas
(com a sua graça
religiosa).

Estância

Depois de capinar o possível
no terreno que recebera do pai, pedregoso;
João da Roça
(tirando o chapéu com vistas à sombra,
às vacas, aos bois e às novilhas
ainda não comprados)
para
— sente suas linhas completas.

Irmandade

Sob a sina daqueles muitos, despejados num Nordeste com sol, uniram-se para que o leite — mesmo em potes a deslizarem léguas de chão árido — chegasse às bocas dos seus (naquela década, sete); para que a chita, importada da grande cidade pequena, colorisse as veredas de sua família esperançosa quanto ao broto da caatinga. Um tinha doze, bem verdade. O outro, treze. Mas, nas mãos de ambos, via-se algo oposto à denúncia de uma infância perdida: os calos que lhes amaciavam a alma.

Tromba-d'água

"Pai, me ensina a nadar no rio?"
O Herói não escuta.

"Pai, me ensina a nadar no rio?!"
O Senhor se esquiva.

"Pai, me ensina a nadar no rio!"
O Genitor vai embora.

[...]

Afogaram-se desde o verão passado,
os personagens.

Família

João-Pai dirigia Teresa-Mãe
que dirigia Raimundo-Filho
que dirigia Maria-Irmã
que não dirigia ninguém
(a casa era pequena).

João-Pai foi para o boteco,
Teresa-Mãe, para a máquina "de costura",
Raimundo-Filho perdeu o que procurava,
e Maria-Irmã afastou-se por causa do pós-doutorado
(a tradição, às vezes, peca).

Cinzas, ao inimigo-protetor

Se tem me fumado por vinte e dois anos
numa busca que
(declarada terapêutica)

vira gozo,
autoafirmação;
vá colher matéria-prima noutros corpos,
naqueles brancos e ingênuos corpos.
Sou filtro de coisa qualquer,
filtro de coisa acabada.

Venci.

Nosso infinito particular

Chovendo, o teu choro
me é indiferente
— porque trajo uma capa azul
que repele o índigo da tua.

       Enxugue essas lágrimas.

Ponteiro

Desponta às doze
(do dia)
a
temperatura
abafada
das
quatro
estações:

uma mãe
que é pai,

um pai
que é irmão,

um irmão
que é mãe

e uma irmã que é irmã
>	no momento subsequente,
>	pro equilíbrio
>	das coisas.

Pratos da casa

Não sei se de olho no hábito,
se de olho nele próprio;
o domingo grita
— enquanto o relógio marca doze,
a mesa (posta) espera o que desconheço
(o que desconhecemos),
e as mãos se fecham em punhos
(os nossos punhos).

A Tarde exige pouco,
o pouco de cada dia:
"desprezo ao arroz,
ao feijão,
ao frango,
desprezo e desprezo".

O Horóscopo sussurra delongas:
"Vênus e seu regente, Júpiter,
(em contato forte)
sinalizam um domingo bom,
bom pra observar até onde se pode conviver com pessoas
que querem coisas diferentes da vida.
Além disso, a Lua encontra Marte na hora do almoço,
botando sua capacidade de amor à prova.
Grande desafio!".

Sabiamente, calo.

Janelas fechadas

A tarde, como um tempo de copos quebrados
e apenas isto,
rasga o excesso de alguns
olhares;
à procura da morte
ou daquela rua escura onde se faz
poesia.

Existe uma mãe sem pai.
Existe um pai sem mãe.
Existe o aberto dos cômodos...

Às feridas, o seu direito de não respirar!

Estação

É um poema pra chorar árvores
em outono... Alguém lhe cantou a alma
e partiu, o amarelo
(das folhas) dorme em seus cabelos,
não há verde nas raízes, e as palavras
apenas sobem a madeira
fria
desta tarde.

É um poema pra chorar...
E esquecer...

Gravatá

Caatinga (ou amor
e o seu abraço) nos prende a alma
na manhã que chuva.

Não há seco,
no seco
de suas mãos.
Mas palavras retorcidas
do sol.

Terra.

Estrada

Uma macambira me olha.
Eu cerca.

Escrevo para o filho de mim (1)

As árvores se entrelaçam como que brigando: uma rama (seca) noutra rama (seca) e o veludo da abrasão...

De repente, fotografia — ou o amor na parede.

Escrevo para o filho de mim (2)

Minha mãe tem pulsos, mas é morta; ainda que brade e nos faça o café...
[ ]
Qualquer noite destas, repreendo o silêncio cego do homem-
-meu-pai e lhe dobro a lâmina.

Silêncio

Uma formiga me passa
o chão — lapela sem flores ou rama,
lábios adormecendo de amor
partido, adeus — porque é preciso
guardar olhares,
esconder palavras e deixar
esta manhã (estéril).

A morte não
"produz".

Urdidura

Está suja a palavra bênção
numa casa varrida de morte e mais,
num aperto sem fim
de finais,
lua em mim
e um dragão por demais,
este brim
sobre o brim
que nos
faz...

Desistir.

Ódio

Um ódio que não está pra ódios.
Um ódio que aquece, e seus paradoxos.
Um ódio. Só um.

Um ódio e a morte, espólio.
Um ódio, quermesse, muito monóxido.
Um ódio. Só um.

Morte

Melhor fechar a janela, abrir a porta do quarto, sair.

Fome

Não gosto de pedir
abraços que têm o vazio
de amar, secam a pia
aqui de casa
e ninguém mais almoça
ou janta: os mesmos olhares
dizendo, a espreita
das mesmas palavras.

É isso.

Escrevo para o filho de mim (3)

Aquele homem era alguns pães de queijo, chá e goma, guarda-roupa, só.

O que (não) houve

Houve uma casa e, nesta, algum jardim para duas roseiras, três margaridas e cogumelos — mas, porque mãos pintam, no tempo, o que se perde é a casa; enquanto, por dentro e por fora, terreno roxo nos tem.

Houve uma casa.

Sem data

Minha palavra é morta.
Minha palavra é mãe.

Entrega

Alguém nos abraça e parte, e parte, e parte. Mesmo diante dos fios do abraço, sobrepostos um ao outro em uma tarde de junho... Mesmo diante do agasalho. Alguém nos abraça e parte, Mãe. Alguém nos abraça e parte, Pai. Alguém nos abraça e parte, Irmãos... Indo embora, nos afligindo ou morrendo... Alguém nos abraça.

Por que (não) escrevo

O homem não pode guardar a palavra passando a noite sem dormir junto àquela, como faz uma árvore à outra. Somente a raiz guarda a raiz. Somente o tronco guarda o tronco. E os ramos, os ramos. E as folhas, as folhas. O homem é homem.

Árvores e lenhadores

As árvores nascem no campo e não morrem em um vaso. Suas raízes, enterradas, vivem o silêncio de um livro que Ninguém escreveu. O tronco é tronco, plural ou singular. E as folhas, entre folhas, folhagem.

De modo que minha mãe não é uma árvore, por exemplo, e acredito que a mãe de minha mãe também não. Porque o mesmo se dá com o meu pai (sem raízes, sem tronco, sem folhas) e com o pai de meu pai — ou com minha irmã (irmã), que é meu espelho: somos lenhadores e nossa terra está revolvida.

Se as árvores têm umas às outras, o homem tem a palavra. Pois homem que é homem não tem homem.

Oração amiga

Senhor;
Se é verdade que entre as nuvens
há estórias, estes sóis,
uma cor, lágrimas infindas
de outrora; escuta meu amigo,
mais do que a mim.
Dá-lhe colo, dá-lhe tudo,
leva-o ao mais tenro jardim.
Ele é todo só
palavra, brinca feito
querubim;
suas mãos,
alguma
folha;
seus
pés,
a
nossa
raiz.
...
..
.

Mais que Amado

O mar não é estranho à caatinga, porque em suas águas se avolumam os galhos, algumas pedras se movem e as nossas raízes sentem o tempo, ou a areia, que recobre o álbum e nos esconde. Nenhuma dor, aliás, é estranha à outra.

A morte é aquilo

E porque estava novamente entre nós, com seu hálito e força, não víamos mais fotografia, não abríamos mais as nossas gavetas — que, se não nos trazem, ao menos nos levam: vazio, silêncio, dor...

Palavra-prego

Eram nossos aqueles pincéis, o quadro e as tintas também... Eram nossos! De mais Ninguém...

Palavra-verniz

As mãos que terminam um quadro encerram paisagens.

Moldura

Vês? Como quem responde a um mundo de porta-retratos
e cobre mobília; entre estas molduras envelhecidas,
por acaso, na parede que não nos inquere,
pus qualquer coisa de família:
avós, pais, filhos — todos inertes...

E fato:
se alguma coisa me dói,
é bem debaixo do braço... Só!

Condor

Muito antes daquela noite insalubre,
as palavras escorreram de sol
e dor — todas, e entre dois abutres...

Raízes

, assim, era uma vez a parte lenhosa de certas árvores, ou um sol amanhecido pra uma cidade que ainda dormia, e, sobre a sinuosidade de suas memórias, algumas folhas desprendidas ou mortas.

Vazio

E eu, que arrastei por todos os cômodos daquela casa um ou dois verbos, três substantivos, sem olhar para trás; agora sinto o meu próprio rastro em sangue e o deixo: a mim, ele não acompanha mais.

Palavra noturna

À noite, ou quando é corpo (de braços e pernas, de mãos e pés); anoitece mesmo. E sobram forças. E falta fé.

O pai

Não era um homem
de palavra e, quando existia,
já estava de noite:

um pai cujo pai não conhecera,
um filho cujo filho também não.

Repito...

Não era um homem
de palavra e, quando existia,
já estava de noite:

— Meu filho, haverá um pai
que lhe queira!

— Meu pai, haverá um filho
que lhe beije a mão!

Palavra quebra

Faliam, todos. Mas não como quem se desperdiça, estraga, inutiliza; tem mau êxito, fracassa, se frustra, ou um fim prematuro. Faliam porque faltavam, minguantes que só. A mãe. O pai. Um filho. O outro.

Palavra comprime

Ele havia posto, em garrafa, e na geladeira, aqueles sonhos que deixara para depois, como se soubesse da última sede, que ela viria, e grande, e só mais algum tempo, é claro. E, nisto, era comum (porque a gente, quando está com pressa, nem toma direito a própria vida; apenas a chacoalha, após um ou outro gole, e a tampa, sim, enroscando promessas): acreditava em (re)encontros.

Palavra assombra

"Repeti: a morte é um exagero. [...]."
(Valter Hugo Mãe)

Folheava um livro como quem, ao chegar em casa, abria a porta, à procura de si, por causa de seus sapatos, que já eram a rua, ou de todo o resto, algum tempo lá fora. E o fazia, com justa aflição, entre a ânsia e a angústia da descoberta: aquela alma, sim, aquela, apertava-lhe o corpo.

Alguns papéis ou uma história vencida

Sim, estava estragado, o feijão, e todos almoçavam naquela casa, antes familiar. A mesa, inclusive, a qual ninguém mais desejava pôr, também era de um corrompimento só. E assim as mãos, que levavam comida às bocas, ou as próprias bocas — não apenas a comida. Até o relógio cheirava mal, ali. Logo ali, entre porta-retratos sorrindo para o tempo, ou para quaisquer uns.

UMBUZEIRO, ESSA PALAVRA QUE FINDA

Gosto apurado

Minhas expectativas batem
à janela, na esperança
de que a pule.

Paciente, no quarto,
tomo mais um café e saboreio
a amargura
de quem (sobre)
vive.

Falta açúcar.

4 de novembro de 2009

É solta a casca
da caatinga que fere,
que marca;

que saúda mais Um
e mais Outro, perfazendo-os
galho.

Correspondência

Amei uma moça que
há muito
me escreveu "gosto de você e
nunca o trocarei
por outro".

Final da carta:
"abraço bem forte".

Sátira e outros lirismos, na taberna

Vendo as núpcias daquela "noite"
quando nos abraçamos e, sem cópula,
fizemos amor
— tamanho encantamento.

Vendo aqueles olhares (nossos)
transcendentes ou, quem sabe, a transcendência
própria
de uma mão numa outra
pele,
como dengo que ninguém paga.

Vendo o dormir de "conchinha",
o acordar de "conchinha" e, depois deste,
o ficar de "conchinha".

Vendo o banho ardente
da saudosa manhã de água fria.

Vendo o gozo
(com seu banho seguinte)
e a fome,
o sono,
a fome,
o sono.

Vendo o gozo.

Vendo as danças que só nos envolveram
de tarde, naquela tarde,
e o riso proveniente delas;

e toda a música,
toda a poesia.

    Empobrecer é o custo.

O amor encontra o poeta e o perde

Palavra puxa palavra
    verde — bandeira — verde — embaraço

Palavra puxa palavra
    figurino — medo — figurino — coragem

Palavra puxa palavra
    mãos — ardência — mãos — carinho

Palavra puxa palavra
    a Deus — chegada — adeus — partida

Palavra puxa palavra

A poesia repreende o poema

Nosso amor ousou dizer um nome
e errou de classe:
ficamos nos adjetivos
como se a mão (junto d'outra)
desfiasse o gris da tarde que
nos tinha;
ou a rosa, de tão rosa,
pintasse o ouro dos sorrisos
(em meus lábios,
nos teus lábios)
com o ouro do amarelo.

Por que escolhemos palavras?

Pêssegos ao vinho

Pêssegos ao vinho — seco ou suave (nunca saberemos qual) — me lembram uma tarde de horas tingidas; talvez, uma hora de tardes tingidas. Digo, me lembram, antes, o vinho, que, das coisas, ou sobre elas, escorre e, de repente, termina. Não recordas? Tingimos a mesa (e sua toalha, também as cadeiras e, é claro, a louça), tingimos o maître, o menu e, na verdade, todo o restaurante, toda a tarde nossa. Por isso, no linho que esconde minha alma, essa nódoa: tingimos Um ao Outro, quando o amor precisa de muito pouco, aliás, quando ele não precisa de nada, tampouco da taça.

Outros quadros de amor, de amizade

Tenho olhos de nervura nervosa
(como antes)

        que deste corpo ou copo de cólera
        expulsam a paz
        a paz da paz alheia
        a paz do corpo ordinário copo

pelo sangue do vermelho vinho
(hoje escoado)

        amor vidro
            e a estilha
        amor fogo
            e o deslustre

pela taça e o seu laço na hora
transparente

            Alguém
      serve
            Alguém

        e é frágil a taça
        e é frágil o laço

pelo sabor do afago, na parede.

Espaços

Nós fazíamos amor
e os corpos, de corpos,
pesavam como pesos

        (eram meus?
        eram seus?)

numa cama, estranha,
que estranhava o "nós".

Do mistério sujo

Porque a palavra nos corta quando existe
sem corpo,
transar acontece depois
de uma alma entregue ao desfio.
Assim, corre entre os dedos
nossos
cada uma das contas
que o amor nos confia (oração
em honra):
é preciso lembrar
é preciso lembrar
é preciso lembrar
é preciso lembrar
é preciso lembrar
é preciso lembrar
é preciso lembrar

é preciso lembrar
é preciso lembrar
é preciso lembrar
é preciso esquecer!

Estilística

Amor é isto:
você termina comigo e, eu, contigo.

Há sempre um fruto que nasce conosco (ou morre).
Há sempre uma rima pobre.

Sexta-feira

A palavra amor é colchão pro corpo cansado
pra alma com sono, e o beijo
da manhã que me retém na cama
num dia de frio ou calor
com seus braços e pernas e mãos e pés...

Hoje, dormi e acordei sobre o mofo
"da palavra".

Encontro

Às vezes, o outro lado da rua
me olha e sorri.

Quando não há rua.

A liga

Subiu as escadas mole de amor e sujo
por não pensar mais no lençol,
nos travesseiros ou naquele quarto ofegante,
quente, úmido.
Mas entrou,
a sala também era sua,
e disse.

O porquê continua gozo,
difícil de limpar...

Gravatas e moldura

O amor não é este café que me olha, quente ou frio, duma xícara. Tampouco a xícara, ou o seu pires. Embora certa fervura, de amar, ponha molhado meu abdômen, pro súbito movimento de partida, ante o fumegar dos olhares, o borralho das mãos. Ontem mesmo, era manhã, pães de queijo, chá mate e tais (quando duas bocas comiam o verbo e aqueles guardanapos teciam, sim, à mesa). De um lado, tínhamos estradas. Do outro, ferro. Hoje, tardes caídas sobre o fogão. Amor derrama. Amor não é amor.

Poema abafado

Falarei de sol.
Deste "estar suspenso" que meu corpo
experimenta sob o amarelo
da tarde pingando.
De minha pele colada n'alma
tremida e de uns sorrisos sobressaltados
escorrendo na face
pro encontro das mãos, tecido.
De um peito

a me abotoar a camisa,
de outras peças do vestuário
e tais.
Falarei de sol.
Deste formigamento nos ombros
ou liberdade que é também prisão,
garganta seca, o resto
doendo...
Falarei de sol,
toda vez que eu quiser
falar de amor.

Resumo

Palavra é corte, eu disse.
Alguém sangra e lembranças são vertidas
no íngreme duma alma-corpo,
alma-coisa, alma-
-verbo.

☎☎☎
☎☎
☎

Avesso

Amor não é atabaque,
berimbau, alguém que se sabe
amante ou estas palavras
dançando
num domingo
Bahia:
certa praia,
barco,
pés.

Existe a mariposa do beijo,
água barrenta e
um coração
rindo (de
dor).

Amor não é
amor.

Girassol

As nossas roupas grudam n'alma, se é início de tarde. Matar a sede é roupa também, e as palavras vão escorrendo de amor, de raiva, de tudo. E tem a sujeira disto, certas lembranças pra recolher num quarto de portas, janelas (o nós agora abafado). Quanto amarelo, meu Deus! Por que as fotografias me olham?

Algumas palavras transando

Poesia é quando gozo culpas
nesta casa que não me veste
e substantivo: pernas, braços,
mijo.

A maestria do corpo, nervura
nest'alma corando de agreste
e castigo: veras, mais trapos,
ruído.

Poesia é isto. Poesia é aquilo.

Pedra-sabão

Histórias terminam metáforas,
envelhecem, e a dor
é música porque chove agora
pra janelas rasgadas,
trovão, tinturas, cor...

Ouro Preto
    Ouro Branco
        Ouro Meu.

Unidade

Aquelas mãos namoravam. Mesmo quando todo o restaurante era silêncio e qualquer coisa (pratos, talheres e taças) servia pra ocupá-las numa primeira tarde de se estar junto. Na recusa da rosa, porque o prazer acaba por virar um sorriso amarelo. No excesso das conjunções, se um quarto, se duas camas, se três mordidas. Namoravam. Ainda que chuva, e chuva é gente. Ainda que água, esta poça. Em meio à descrença das árvores, guardiãs do céu. Por debaixo do dia, com suas igrejas, capelas, museus, monumentos. Apesar de todos aqueles olhares. Namoravam. Além dum ônibus partindo e, disso, palavra morta.

Do amor

Queria dizer que o abraço me furta a superioridade, ou qualquer outra coisa qualquer. Mostrar lajedo, calças quarando, um busto molhado, serviço lá fora, cansaço por dentro: as mesmas lembranças, os mesmos varais, nós mesmos. Como se já fosse tarde e você tivesse que ir. Por que não fica?

Personagens

Além de vestir o mirrado dos trajes,
numa espécie de aspereza
que é paixão
ou a caatinga no rosto,
embrenho palavras, encontros,
persigo...

E você nos escreve.

Caminho

Quando amor dorme,
pessoas cansam,
olhos não dizem e festas...

Lua clara.
Rua larga.
Uma casa.

Movimento puro

A palavra do outro, *medo*,
não é palavra, não é *cedo*.
Alguns *livros*. Alguns *lírios*...

A palavra do outro, *coragem*,
não é palavra, não é *tarde*.
Alguns *lírios*. Alguns *livros*...

A palavra do outro sou eu.

Do abraço

Minha palavra é pura é branca é só
algumas linhas que não desenham mas abrem
(des)caminhos.

Minha palavra é flor.

O jagunço

Sertão é o vazio dessa palavra,
algum arado,
qualquer baú.
De modo que se falo
do amor, apenas vejo estes
sóis.

Sertão é o que me dói.
Sertão é o que me dói.

Rima

Dor de amor amarra,
escrevi. E o poema, na gaiola,
bem-te-vi.

Nesta manhã

O meu amor decepou-me os membros,
guardou-me em tronco,
e, do resto, eu não sei bem.

Um corpo

As mãos do Outro, que existem em mim, são três: algo de aperto, algo de afago, algo de infinita dor. As mãos do Outro me rasgam.

Dois atos

I.

Pode ser uma mãe ou um pai, uma irmã ou um irmão, Alguém que nos ama e que há pouco nos tem, pode ser até mesmo um Ninguém, não importa. Há sempre um Outro que nos abre, em relação às nossas almas, a porta.

II.

A minha pele está ardida, porque Alguém entrou em mim e aprendeu a arranhar.

Apócope

Era uma vez um cômodo fechado e uma vida lá fora. Algo, ou Alguém, menor que o medo, maior que a coragem; sob as vestes a ele entregues. Ou um desenho — como o são homens e mulheres, se se nascem, se se morrem, à margem dos próprios corpos; em uma vida entre lacunas. Por que o tempo ainda não lhe alcançara?

Mão-posta

A mão que nos afaga, não, não é
adaga. Ela não nos apunhala.
Nem nos acena, grande

ou pequena, emborrascada
ou serena. Porque a mão, a mão
que muito afaga,
senhores,
a mão é obscena...

Eu-taciturno

Quando não sei mais guardar esta vida e suas horas me contêm o transbordamento (porque é assim que existimos: de paragem a paragem); repouso o que sonho, e o que eu não sonho também, sobre as mãos com as quais me escrevo e escrevo os outros: na ânsia de que sejamos um só, na surpresa de estarmos sozinhos.

Dedicatória

Porque tudo o que nos escreve (mãos, abraço; pés, caminho) tem nos posto assim — namorados; continuemos de árvore em árvore, voando Um para o Outro — amor.

Amor, ou amizade

Um, no Outro, fazia, sempre, riscos ou imprimia sinais de chuva, sulcava o sol (na espera de que chovesse, e chovia mesmo; na ânsia de que ensolarasse, e ensolarava também); sem se preocupar com os termos, ou as palavras em terno...

Um do Outro. Sim, eles eram!

Vírgula

Psiu! Minhas portas, e janelas,
costumam fazer barulho, quando encerradas
por suas mãos de adeus-eu-volto-depois...
Barulho, muito barulho...
Pra alguém que ainda ouve
a noite e só,

Véspera

Embora a nossa casa, ou o lugar de onde saem nossas palavras, prefira entregar, aos olhos que nos espiam, algumas janelas e a mesma porta encerrada; o tempo nos cobra isto: cortinas novas, guirlanda e um abraço, sim... Amor, me ama de novo?

À vista

Porque era cega, a faca, e de cortar pão, alimento, eu a equilibrei em um de meus olhos, e não a vi quando ela, escorregando, abriu-me a boca, áspera, sorrindo e chorando em mim o que somente agora é meu: retalhos...

Sim, chove lá fora!

Há um mundo lá fora, chovendo, e é aqui, entre nós, que não se mostram, encharcados que só, os nossos corpos — como se até mesmo o tempo não nos pertencesse, ou nós a ele. E há, também, o frio, muito frio — separação para alguns. Mas a noite, esta, impõe-nos outras certezas. De quando em vez, inclusive, a natureza age assim: inunda para que haja vida; para que nunca falte, ou faltemos — Um ao Outro —, para uma coisa só e duas pessoas: amor.

História amarela

Um não prometera amar o Outro; embora, entre ambos, houvesse dois ou três desejos. E quando se despediram, durante aquele dia inteiro, apesar do abraço que os poria frente a frente, algum tempo depois, fez frio. Mais do que o de costume. Até mesmo em virtude das palavras e de suas dobras, da vida embalada pra viagem, da última fotografia, paragem... Era o hálito de todas as angústias anteriores àquela e mais: um sertão, no tapume de duas bocas muito amarelas. Além disto: meu rapaz.

Madrigal

Se insisto para que a palavra nos cubra, é porque sinto frio e vergonha quando você não está aqui.

Palavra-superfície

Você também sente frio, e dor, aonde quer que vá. Mas prefere um pouco mais dos mesmos dias, das sobras, daquelas noites; à espera de algum silêncio (quando sabemos tratar-se de alguém). Não lhe bateram, ainda, à porta... Nem mesmo lhe telefonaram... E há quanto tempo, hein? Eu me agasalharia, porque é o que fazem aqueles que não se mantêm presos... Vês? Sou eu do outro lado do seu espelho!

Um só

Amor pequeno,
ou graúdo,
sorri ao mundo,
sereno.

E abraça forte,
não é sorte.

Amor pequeno,
ou graúdo, amor.

Nossas palavras

Sentou-se ao meu lado
e me pediu a mão, porque eu escrevo
poemas e os nossos corpos,
o próprio mundo,
se se entrelaçam de
noite. E eu, que lhe chorava,
sorri, como quem
amanhece,
palavra
por
palavra.

...
..
.

Palavra rabisca

Eu sei, não há nada que eu possa rasgar.

Palavra pulsa

Aquele coração
batia, mas só

      algumas vezes,
porque é assim
que se vive,
      morrendo.

Palavra de mudança

Meu amor fez as malas
e sorriu sem o nosso abraço,
ou beijo ou o quê (não
importa). Fez,
e fez, sem
mim.

E a festa?

Eu não caminhei por entre aquelas ruas.
Você sequer esteve lá;
onde o amor é, se não uma cesta
de pães de queijo, ao menos,
chá.

Não! Ninguém nos viu.
Nem mesmo a serra, tampouco o rio.
Não houve festa, alguém partiu,
por qualquer fresta.

É sempre frio.

Ausência

A noite sapateou, sapateou, sapateou à porta. E a vida, no salão vazio.

A estória

Detrás daquela árvore,
ou do sol que há por detrás dela,
pintara um rio,
três barcos à vela,
e naufragou, é verdade!

Detrás do frio...

Amor-desmancha-dúvidas

A gente namora quando se empenha em inspirar amor em Alguém. Ou galanteia, corteja, flerta — namorisca. Se se apaixona, se se deixa seduzir, porque envolve, permite-se envolver. Namora e se agrada disso; cobiça. Enlevando-se, encantando-se, sem remissões — até o próprio fim.

Meu Cabeleira

Cabeleira, chumaço, madeixa, mecha, melena, penugem, tufo.
Meu amor é esconderijo.

Mas

Amar é não sentir muito medo.
Expelir o mundo e verter.

Amor é presente

Em favor de si mesmo e daqueles que une, amor não se ausenta, evidencia-se; não se ausenta, manifesta-se. E mesmo quando, para muitos, desaparece diante de si, ou dos outros, também não. Mas não se ausenta porque não se afasta, ou se deixa afastar; não se ausenta porque não se retira nem se deixa retirar. Sobretudo porque envolve, se deixa envolver; porque é um, se existem dois; porque presente — esse amor.

Palavra-não-diz

Houve um tempo em que minhas mãos se predispuseram a relatar o enredo de sua própria história, ou caso, e incluíram-se, as duas, nele, como se, decorridos os anos, todos esses (dias, meses, anos de idade), elas me substituíssem ou eu a elas. E opinaram sobre tudo, fizeram previsão, tencionaram. Numa esperança finda, mas funda, de posse. Só porque Alguém era de Alguém e Ninguém sequer existia. Mas só. Hoje, que faz frio, muito frio; minhas mãos, ou o seu corpo, eu não sei onde estão.

A palavra abutre

Sim, a palavra também subnutre, ávida que só, e míngua de víveres. Mas, quando não há fome; apenas, o fastio de bocas inapetentes que se carcomem.

Amor-espécime

Amores-do-campo-sujo, que se prendem aos pelos e roupas, com pequenos espinhos e mais, são como têm de ser: floríferos. Aqui ou acolá.

Partir de viagem

Viajar por um caminho ou estrada, para um lugar, lugares, pressupõe trânsito, visita — aquilo que nos conclui ou esgota; de repente, a manhã rompida.

Mesmo aqui

Já faz algum tempo, eu sei. Mas ainda me lembro de quem esperava quem, de onde púnhamos o nosso abraço e por que nos doíam o homem, suas mãos e alguma palavra, sim; das nossas manhãs em árvore. Depois, éramos lenha, ardíamos juntos numa ou noutra história adentro e a vida anoitecia; como se não fosse chover demais — até que choveu. Consegue ver? Ou esta fotografia é que está um pouco amarela?

A palavra aperta

A palavra amor, quando nos chega, cingindo o dia, ou o corpo, é para ferir, fincar o tempo, firmando-nos história. Por isso, suas mãos, de um zelo só, abotoam-nos o garbo e parecem exigir, reclamar, a justa medida do que lhe soa breve. E os amantes confrangem-se, angustiam-se, perdem-se... Na palavra frouxa.

Arte marinheira

Ninguém diz adeus. Mesmo quando vazios, os olhos, ou cheias, as mãos — esse nó; Ninguém diz. Só essas linhas, um ou dois fios, talvez cordões, que se entrelaçam, Um pelo Outro, e se rompem — só; Ninguém mais. As malas não precisam estar prontas, nem mesmo viajar é preciso; Alguém só precisa partir.

Palavra assoalhada

Queria chuva, granizo e, até mesmo, qualquer coisa entre vento, raios e trovões; ou a violência disso tudo naufragando em nós. Pra que minhas palavras, em arrepio, adormecessem; sua língua, azulada, de quebra confundisse; e os nossos corpos, diminuídos, ali fossem estirados, naquela fresta. Mas você veio ensolarado e só.

Palavra inunda

A chuva é um abraço que se perdeu entre duas pessoas, ou a morte caindo sobre um homem só — esta incógnita — em uma noite de ruas apertadas, mas, frio.

Palavra encerra

Espantou-se porque, entre eles, havia somente duas palavras: uma, com a qual se pode acordar e sair, porta; outra, com a qual se pode dormir e entrar, porta.

Farol

Porque farol é uma lanterna daquelas que se perdem quando o tempo corre, o amor são dois: Alguém que parte para ficar, Alguém que fica para partir.

Palavra insiste

Amor que é amor não sobrevive ou teima, como se fugisse daquilo que dura muito pouco e, passageiro, lutasse contra essa sua identidade. Amor que é amor conserva-se, perdura, continua a ser.

Palavra vomita

Abriria mão de todas aquelas histórias pra desdizê-las. Como se a abstenção bastasse a um coração esmigalhado por algumas malas e aquela promessa, rompida, de correspondência. Descomeria, com isso, tudo aquilo que os havia alimentado nos últimos anos, fazendo expelir, jorrar e verter suas lembranças. Porque palavra enjoa, revolta e só o amor espera.

#PalavraEsmigalha

#Migalho1

Migalhado, ele, ou aquilo que acreditara ter se tornado por cultivo, agora era um bocadinho. Coisa nenhuma pra quem tem pressa e fome, deixando uma ou outra pessoa no prato porque desnecessário resto, desprezível sobra. Sim! Ele, o pedaço de Alguém.

#Migalho2

Pudesse consigo, existiria — pensa. Mas suas mãos, que escrevem, costumam rasgar, tão só. E é para isto que a palavra existe: abrir uma ou duas portas, três ou quatro janelas, mostrar vãos — sente.

#Migalho3

Desse modo, não, não porá fim à vida. Antes, seria preciso o rodopio de alguns de seus sonhos; dos pesadelos, até. Prefere mostrar por que homens destroem homens, há almas que não vicejam e corpos sem qualquer pendor.

#Migalho4

Aliás, é esta sede de falar que o derrama na superfície, donde vê os sulcos da madeira e entranha. Graças a ela, esquece-se do que deveria lembrar, e vive. Mas à noite — ou quando anoitece mesmo, e sobram forças, e falta fé.

#Migalho5

Assim, era uma vez a sua história.

A queda

As coisas não ditas,
naquela manhã
ou em qualquer outro tempo,
foram evaporando,
evaporando,
até se prenderem
em mim,
com o peso de suas histórias,
que jamais desaparecem,
dissipam-se,
somem
e:
alguma força.

Pareciam pequenas
— gotas —, embora mais grossas;
que exalariam (se não aquele instante,
talvez o seguinte),
convertidas, todas elas,
uma a uma,
só:
algum corpo.

Até quando
choveu muito, muito,

por aqui:
alguma superfície.

Porque só o abraço forra

Um abraço não aperta. Ao menos não aquele com o qual se deseja estar vestido. Ele só precisa servir de proteção, resguardar, defender. Tomar para si Alguém. Presenteá-lo. Socorrê-lo. Mas sem qualquer disfarce. Pôr em outrem a própria vida.

PERDE-SE:

uma mão aberta que
sobre rostos ou por entre cabelos
palmilha sonhos e
dorme.

Amor romântico

Ele já não o acordava com flores há muito tempo. E, naquela manhã, brigaram mais uma vez, enquanto tomavam café. Dali a alguns minutos, a bem da verdade, romperiam a porta, o mundo, mas não a si mesmos, porque sobreviver é o que todos buscam, não? De noite, ela sempre reúne quem precisa reunir, Um chegaria com o pão e o Outro, com o leite. O segundo, muito experiente com a margarina e a faca; o primeiro, com o café e a chaleira. Isso, em uma casa pequena, sobre uma mesa mais estreita ainda, e logo ali, onde um ou dois casais nascem, três ou quatro morrem. Foi quando tiveram que dormir e foram — rindo.

Palavra pesca

Ele queria apanhar na água um coração dividido que se descobriu peixe e, desde então, por debaixo dela respira. Como se, nas extremidades de uma vara, pudessem existir os dois (o pescador e a pesca). Mas a hora certa e o silêncio, é claro, afastaram-lhes (eles não poderiam ser aquilo para o que nasceram, levassem pra casa um ao outro).

Palavras apertam

Se elas chorassem, as mãos, jamais perderiam uma à outra, em busca de outras, também mãos. Amanheceriam juntas, pra sempre. E anoiteceriam assim.

Palavra morre

Nem sempre é possível retornar àquela árvore sob a qual nos descobrimos e mais Ninguém. Porque o tempo, clareira que só, a todos consome.

Mais um bilhete,

pra que você não acorde só,
embora eu já tenha partido. E porque
assim as histórias morrem
— quando o sol amanhece.

Palavra derrama, entorna; deságua; goteja

Votava amor a si mesmo e, por isso, quando saía, no horário que lhe aprouvesse, não precisava deixar bilhete. A casa, inclusive, com seus cômodos e móveis, todos eles, permaneceria igual, *ad infinitum*. Porque, ali, relógio decora, adorna; é arranjo com o qual se ornamenta. E, sobre as paredes, quaisquer que sejam, não concorrem fotografias — apenas espelhos, de variadas formas e cores, pra refletir o sol. Sim! Somente as plantas amam a chuva.

Por que escrevo bilhetes

Viajar é fazer as malas, mas não partir.
Começa com um livro, deixado no criado-mudo
pra mais tarde, e nunca termina.
Pelo que as mãos, quando se apertam,
no abraço fundo disso
que é futuro porque presente,
antes sorriem.

Engolir o choro
parece outra coisa.

Amor-todo-dia

Amor é quando a gente dorme e acorda com Alguém, dois ou três sonhos, um pesadelo — até. Partir a vida, por exemplo; mas pro alimento de sua própria história — se se rompe o dia, se se rompe a noite. Pro abraço que traz Um ao Outro, ou o homem a ele mesmo. Exige calendário. Dispensa relógio.

Amor arrebenta

Tropeçou, por descuido de si, naquele livro onde guardara o bilhete da primeira vez que foram juntos ao circo, ao cinema e, depois, ao teatro. Há muito não o folheava e, entre os poemas escolhidos pra quando o abraço terminasse a cópula, duas flores continuavam a surpreender, apesar de, agora, definhadas: "bom dia" e "boa noite". Mais adiante, nas próximas três ou quatro páginas, contou os papéis de balas, bombons e outros sabores trocados porque, certamente, era preciso guardá-los da fome. Até fita religiosa tinha — estranhou. Das que ornamentam ou amarram (vide laço, aliança) e o fazem por adoração (vide casamento). E, nisso, perdeu a hora entre aquelas fotografias, que, à semelhança de quaisquer outras, costumam suspender o tempo, as pessoas, alguma história, além de romper a vida. "Talvez deva regar", alguém o advertiu, aproximando-se. "Talvez não seja mais possível", sabe se lá quem asseverou, um pouco mais distante. Mas, a essa altura, ele já estava no chão (e era vaso).

Amor afoito

Naquela noite que antecederia sua morte, filhos e marido com algum remorso, o resto tomando café, entre porta-retratos envelhecidos e mais; permitiu-se, sob os lençóis, a própria nudez, convexa, para quem escolhera há muito. Ora, ela sabia do amor enquanto procura, que haviam transado em uma de suas últimas férias, e pretendia beijá-lo — mas não para um roçagar de braços e mãos, de pernas e pés. Queria avizinhamento, chegada. Qualquer coisa que os pusesse como quando sentiram um ao outro, na sofreguidão do primeiro abraço, e só — algum riso largo depois. Amor afoito, entende? Tão afoito que ela não percebeu os próprios pés gelados, as pernas, aliás, toda a pele, e ele gritou logo em seguida (pra sempre, sozinho).

Querência

Tinha de escrever aquele choro rompido, sua história doendo em corpo. Pra leiloar a si mesmo sob o lance mínimo de alguns abraços. De repente, abrir qualquer janela, aproveitar-se do tempo lá fora, percorrer todos os cômodos sem hesitação e rir. Essa vontade de implosão, que é a de se fazer terra, entende? Aldeia, casa, gleba.

Esta obra foi composta em Janson Text LT Std 10 pt e impressa em papel Pólen 80 g/m² pela gráfica Meta.